湖南外国语职业学院（1993—2023）三十周年画册

主　编	宁　平	付兴华							
副主编	宁　翔	高嘉庆	张梦婷						
顾　问	肖建安	黄　硕	任　征	曾　亚	赵慧敏	曹　杨	刘文峰	樊　静	谢艳梅	王明明
编　委	刘金明	马亚琴	陈敬良	周东翔	刘凤健	陈思颖	唐　强	樊曾卉	王梓霖	卢亚婷
	习　超	谢　莉	杨　玲	刘　芳	樊玮虹	刘星杏	杨　雄	李　胜	陈萃婕	

同济大学出版社
TONGJI UNIVERSITY PRESS
·上海·

领导简介

LEADERSHIP

宁平
NING PING

董事长

1964 年 4 月 8 日出生于湖南浏阳"花炮之乡、武术之乡"大瑶镇。

1979 年应征入伍，参加了对越自卫反击战，两次荣获三等功。

1983 年退伍后，分配至浏阳市邮电局。

1989 年 10 月开始自主创业。

1989 年 11 月创办湖南电力燃料公司浏阳公司，任公司经理。至 2003 年，创造上千万元利润，积累了第一笔资金，并购置土地 155 余亩（约 0.103 平方千米）。

2003 年 4 月成立浏阳市卧龙房地产开发有限公司（2004 年更名为长沙市卧龙房地产开发有限公司）。在已购土地上投资建设了"职业教育园"项目，现名为湖南外国语职业学院。

2007 年 12 月和航天讯联网络技术有限公司共同创办湖南卫星应用技术有限公司，任董事长。

在当兵时，宁平获嘉奖 20 多次，两次荣获三等功；在经商时，多次获上级单位奖励；在办学期间，因在职业教育领域贡献突出，先后荣获湖南省职业教育先进个人称号，并多次被授予省、市先进个人荣誉称号，并当选为中国教育国际交流协会常务理事、湖南民办教育协会副会长、湖南教育国际交流协会副会长、长沙市民办教育协会副会长。

目录

CONTENTS

学校简介 ABOUT US	07
发展规划 DEVELOPMENT PLAN	09
创业历程 ENTREPRENEURSHIP JOURNEY	13
校址变迁 CAMPUS RELOCATION	19
多彩校园 DIVERSE CAMPUS	27
教学科研 TEACHING AND ACADEMIC RESEARCH	43
校企合作 COLLEGE-ENTERPRISE COOPERATION	51
校友风采 ALUMNI	61
国际交流 INTERNATIONAL EXCHANGES	67
社会服务 SOCIAL OUTREACH	77
展望未来 FUTURE PERSPECTIVE	83

学校简介

ABOUT US

湖南外国语职业学院的前身是成立于1993年的浏阳外国语进修学校。1997年更名为浏阳外国语进修学院。2006年，学校升格为普通高等职业学校，并更名为湖南外国语职业学院。学校有位于长沙和浏阳的两个校区，占地1000多亩（约0.67平方千米），主校区坐落于湖南省长沙市望城区丁字镇，设8个二级学院。现有教职员工近千人，学生15000余人。学校教学设施齐备，是一座现代化、智慧化、生态化的校园。

历经30年的风雨洗礼与砥砺深耕，学校全面贯彻党的教育方针，始终遵循现代职业教育发展规律，坚持走"职业化、市场化、国际化"发展道路，为社会发展培养了5万余名有外语特长的应用技能型人才，得到上级教育主管部门及社会各界的充分肯定。2012年学校顺利通过全国高等职业院校人才培养工作合格评估，2016年入选高等职业院校国际影响力排行榜50强。学校先后获湖南省规范化办学评估"5A"级单位、湖南省首届"十佳民办高校"、湖南省毕业生就业"一把手工程"优秀学校、湖南省民办教育协会办学先进单位、湖南省民办教育宣传工作先进单位以及湖南省教育系统网上政务公开政务服务工作优秀单位。湖南外国语职业学院是中国国际教育协会理事单位、湖南省民办教育协会副会长单位、湖南省教育国际交流副会长单位、世界职业教育院校联盟会员单位以及世界法语大学联盟（AUF）成员单位。

学校教学资源丰富、师资力量雄厚。目前建有省级专业教学团队1个，省级高等职业教育一流特色专业群1个，省级精品专业2个，省、市级精品课程13门，省级职教优秀教材1本，湖南省现代学徒制试点项目1个，长沙市重点职教项目对接地方产业的（小语种应用）校企合作示范基地1个。学校鼓励教师开展应用研究与成果转化。近年来，教师承担省级及以上研究项目130项，发表学术论文700余篇，出版学术著作（教材）30余部，授权专利30项，获省级教学、科研成果奖10余项，优秀论文奖励150余项。近年来，学生在全国性比赛中获奖74项，省级竞赛中获奖147项，其中获省级特等奖、一等奖37人次。在省级抽查中，学生毕业设计通过率多次达100%，专业技能通过率95%以上，学生总体就业率均达90%以上。

学校聚焦专业对接产（行）业，构建了以应用外语专业群为主体，以涉外商贸服务、涉外护理康养专业群为两翼，以信息工程、教育与艺术等为多轮的专业群布局，形成了适应外向型经济发展需求的应用技能型人才培养特色，为外贸企业行业解决人才需求痛点，学校创新了"双素养、双技能、双证书"的"三双"人才培养体系，并通过实施"三全育人、五育融合"育人工程进一步夯实"三双"人才培养基础。学校整体实施"外语+技能"与"技能+外语"特色培养，形成了涉外人才培养特色。近年来，学校的先进办学理念及内涵式建设成果被人民网、学习强国、《中国教育报》、《中国日报》、《三湘都市报》、湖南教育电视台、红网、新湖南、华声在线等媒体广泛宣传报道。

学校坚持服务社会，践行使命担当，成立产教融合学院，实施"十百千"工程，即"建设10个产教深度融合的示范性项目、100家规模企业的实习实训基地、1000家稳定的学生就业基地"。11个项目获批湖南省教育厅"1+X"证书制度试点，创建了7个实质性运行的产教融合项目和1个学徒制项目，与华为、思科、万达集团、华友钴业、万蓬实业等知名企业建立了校企合作关系，设立了系列校企合作订单班，为企业培养应用型技能人才。

在当前高质量发展阶段中，学校面向时代发展趋势，与国际办学理念、体制机制接轨，用10年时间研究确立的大学康养成果，深度融入新发展格局中，最终确立了以"国际化办学"和"康养事业"为两翼，二者并驾齐驱、协同发展的"双轮驱动"发展战略。一是坚持"引进来、走出去"的战略部署，加快和深化国际合作进程，建立不同学科类别层级的国际合作伙伴关系，实现职业教育、终身教育、国际教育三者交叉互补，形成开放式、滚动式发展；二是加快对康养产业的研究和转型升级，让"湖外人"主动走向未来康养教育事业的新战场，拔头筹、抢高地。

梦想催人奋进，拼搏赢得未来。面对美好的明天，湖南外国语职业学院将始终秉承"独立之人格、仁爱之精神"的校训，"开放、民主、多元、包容、创新"的核心价值理念，以及"办有情怀的教育、育有作为的学生、建有品质的教育"的办学宗旨，聚焦"双高"建设、推进强校升本，不忘初心，勇毅前行，为职教兴邦，为实现中华民族伟大复兴的中国梦作出新的更大贡献！

发展规划

DEVELOPMENT PLAN

1 浏阳校区鸟瞰效果图
2 浏阳校区设计图

1 - **3** 长沙新校区鸟瞰效果图
4 长沙新校区规划平面图

1 学校太阳城规划平面图
2 - 3 学校太阳城区域规划图

ENTREPRENEURSHIP JOURNEY

1️⃣ 1997年4月，经湖南省教委批准，学校校名由"湖南中山外国语学院浏阳分院"更改为"浏阳外国语进修学院"。同时，学校成立理事会

2️⃣ 2006年4月，湖南省人民政府同意在浏阳外国语进修学院的基础上建立湖南外国语职业学院

1 2009年6月10日，在湖南省教育厅的支持下，我校为空中课堂在全省中小学的普及创办了湖南教育卫星应用技术有限公司

2 2009年6月10日，湖南省教育厅为宣传民办教育，批准成立湖南卫星教育网台、湖南民办教育网。由我校承办的湖南卫星教育网台、湖南民办教育网是经中华人民共和国工业和信息化部无线电管理局（2008）14号专函批复（全省只批准1家）、湖南省相关主管（业务）部门批准成立，全省唯一"天网地网"合一的卫星远程传输网络平台

❶ 2009年10月26日，我校与湖南省青苹果数据中心有限公司共建教学实习实训基地并获得湖南省服务外包产业第一笔超过五千万元的订单。图为湖南省商务厅为我校授牌
❷ 2011年2月13日，长沙新校区奠基典礼
❸ 2011年2月13日，湖南外国语职业学院新校区建设项目启动暨"湖外路"命名揭幕仪式
❹ 2011年2月13日，长沙新校区奠基典礼铲土仪式

1 2016年10月2日，学校位于长沙市望城区丁字镇的新校区正式破土动工，并开始铺设校区主干道，继而启动长沙新校区后续建设与整体施工。至此，新校区建设项目获得突破性进展

2 2016年11月27日，广东裕达建工集团与我校正式签约，承接新校区的建设工作。宁平董事长（一排中）、董事会及校务会主要领导见证了这项重大的合作盛事

3 - **4** 2017年10月25日，学校新校区建设指挥部落成仪式在新校区建设工地举办。时任长沙市民办教育处党委副书记、长沙市教育局民办教育处处长刘凯希、时任长沙市教育局民办教育处副处长张璞等主要领导，以及宁平董事长、张合平书记等学校领导，共同为新校区建设指挥部揭幕

1 2019年5月12日，新校区北公寓主体封顶。至此，北食堂、三教学大楼、外教楼、北公寓等二期工程主体建筑全面封顶。新校区建设全面进入内部装饰与设备设施安装攻坚阶段

2 2019年7月22日，我校举行迁址仪式。宁平董事长（右三）、董事会及校务会等主要领导出席本次仪式

3 - **4** 2019年7月22日，我校税专（湖南税务高等专科学校）校区摘牌及新校区挂牌仪式

校址变迁

CAMPUS RELOCATION

1-**4** 浏阳校区校门变迁

1-**4** 浏阳校区校园随景

1 - **4** 湖南税务高等专科学校校区景色

1 长沙新校区南门
2 长沙新校区花园式校园

1 春意盎然
2 夏日晴空
3 秋季暖阳
4 冬日雪景

1 图书馆
2 体育场
3 多国国旗迎风飘扬
4 休闲亭

1 天鹅游湖
2 标志物来源：沈从文中篇小说《边城》中的女主人公翠翠，是作者理想人生形式与理想爱情的寄托。翠翠是一个天真无邪、纯洁善良的少女，是集真、善、美于一身的理想的艺术形象

多彩校园

DIVERSE CAMPUS

1 外语之夜
2 合唱比赛

1 - 4 "学习·成长·成才"英语演讲比赛

1 - 2 "天使之梦"医学知识大赛
3 "十佳歌手"大赛
4 "零元生存"挑战赛

1 "三十佳"护理技能大赛
2 日语配音大赛
3 "魅力国学"大赛
4 "超级辩辩辩"辩论赛

1 - 2 "捕鱼达人"捕鱼大赛

1-**4** "律动青春、活力湖外"健美操大赛

1 - 4 历届运动会

1-**2** 暑期赴美社会实践学生合影

1 - 2 国际文化节

1 – 6 国际美食节

1 - 2 "玉娥"采茶节
3 校园文化祭
4 我校千名学生在长沙铜官窑国家考古遗址公园的开园仪式上用陶笛演奏《龙的传人》

1 - 2 军训
3 - 4 "5·12"国际护士节纪念活动暨护士授帽仪式

1 – **4** 元旦晚会

1 - 3 新生迎新晚会

1-**4** 开学典礼暨军训总结表彰大会

教学
科研

TEACHING AND ACADEMIC RESEARCH

1 2008年11月30日，2006级法语专业段佳云同学（5号选手）荣获第五届高职高专实用英语口语大赛全国总决赛二等奖

2 2008年12月，2007级日语专业学生参加湖南省第五届日语作文竞赛并荣获专业组一等奖、三等奖等多个奖项

3 - **4** 日语专业学生参加全国高等职业院校日语技能大赛（2001—2010届），斩获多项荣誉

1-**4** 日语专业学生参加全国高等职业院校日语技能大赛（2001—2010届），斩获多项荣誉

1-**4** 日语专业学生参加全国高等职业院校日语技能大赛（2001—2010届），斩获多项荣誉

1 2015年,韩语专业学生参加湖南省韩语配音大赛,荣获大赛一等奖
2 2018年1月2日,韩语专业学生参加2017华中地区韩国语演讲大赛,荣获三等奖
3 – 4 我校学生参加全国高职院校财税技能大赛华中赛区决赛,斩获多项荣誉

1-**2** 2022年4月23日，我校英语专业彭震同学在全国职业院校技能大赛高职组英语口语赛项比赛中获个人三等奖

3-**4** 2023年7月15日，我校商务英语专业李怡凤同学在全国职业院校技能大赛高职组英语口语比赛中获团体二等奖

1️⃣ 2022年6月，商务英语专业教学团队《助推湘企出海的高职外语类专业"三双"人才培养模式改革与实践》荣获教学成果一等奖

2️⃣ 2022年6月，应用日语专业团队《致知植行，协作偕行：高职日语专业"四维三力"型教学改革与实践》荣获教学成果三等奖

1 2023年4月16日,"外语专业建设高端论坛"在我校成功举办。此次论坛邀请了11名国内外语教育领域的知名专家和学者及中南大学等兄弟院校师生共同参与,探讨外语专业建设的现状和未来发展趋势

2 2023年5月10日,我校举办"湖外留学大讲堂",宁翔副董事长分享留学故事,唤起听众共鸣,厚植爱国情怀

3 教师说课比赛

4 创新创业工作总结表彰大会

校企
合作

COLLEGE-ENTERPRISE COOPERATION

1 2008年，宁平董事长带队前往义乌人才市场进行人才就业考察
2 2010年10月25日，宁平董事长前往江苏奥博洋信息技术有限公司，并与该公司组建就业创业基地
3 2012年3月20日，宁平董事长带队前往东莞，探访京瓷美达办公设备（东莞）有限公司
4 2019年4月1日，宁平董事长、宁翔董事代表学院赴北京甲骨文（中国）软件系统有限公司总部，共建"湖南外国语职业学院—甲骨文行业人才培养基地"

1. 2019年12月11日，我校与万蓬木业举行助学及校企合作签约仪式
2. 2020年12月1日，我校与湖南嘉德集团有限公司举行校企合作签约仪式
3. 2020年12月3日，我校与理光图像技术（上海）有限公司签订校企合作协议
4. 2021年2月2日，我校与深圳市九叶灵枝电子商务有限公司举行产教融合校内实训项目签约仪式

1. 2021年3月31日，我校与大汉集团举行校企合作签约仪式
2. 2021年6月30日，我校与上海必胜客有限公司签署校企合作协议
3. 2021年10月13日，我校与湖南三竹教育科技发展有限公司签署校企合作协议
4. 2022年6月8日，我校与湖南亚歌产教融合科技有限公司签署校企合作协议

1 - 4 2022年7月，宁平董事长带队前往义乌开展访企拓岗工作

1 2022年10月30日，我校与安哥拉 Wavida 集团公司举行校企合作签约仪式
2 2023年2月6日，宁翔副董事长一行赴中铁二十局集团安哥拉国际有限公司和中洋集团安哥拉奥德工业园访问

1-4 2023年4月6日，我校举办"外语类专业校企合作订单班"集中签约仪式，与湖南小咖主咖啡有限公司、正大集团、印尼镍资源产业集团、浙江华友钴业股份有限公司等12家国内知名企业集中签订校企合作订单班

1 - 4 2023年4月6日，我校举办"外语类专业校企合作订单班"集中签约仪式，与湖南小咖主咖啡有限公司、正大集团、印尼镍资源产业集团、浙江华友钴业股份有限公司等12家国内知名企业集中签订校企合作订单班

1 - 4 2023年4月6日，我校举办"外语类专业校企合作订单班"集中签约仪式，与湖南小咖主咖啡有限公司、正大集团、印尼镍资源产业集团、浙江华友钴业股份有限公司等12家国内知名企业集中签订校企合作订单班

1 2023年4月21日，宁平董事长与浪潮卓数（北京）大数据技术有限公司洽谈校企合作、产教融合实训基地相关事宜
2 2023年5月23日，我校与湖南省第二人民医院签署校医合作协议

校友风采

ALUMNI

1 2021年5月20日，中山校友分会在学校图书馆一楼报告厅成立
2 2022年7月6日，义乌校友分会在校友刘艳红创办的"义乌嘉熙进出口有限公司"成立
3 2022年11月22日，长沙校友分会在学校图书馆一楼报告厅成立
4 2023年2月4日，安哥拉校友分会在安哥拉中国湖南总商会成立

1. 2023年3月25日，深圳校友分会在共青团深圳市委员会大楼成立
2. 2023年6月10日，广州校友分会在广州科学城成立
3. 2023年7月15日，校友会日本分会在东京都台东区成立
4. 2023年9月16日，浏阳校友分会在浏阳校区成立

1️⃣ 袁佳芳，商务英语专业1007班，任深圳市新恒域科技有限公司外贸业务经理
2️⃣ 吴丽，英语专业2010级毕业生，任深圳红叶杰科技公司外贸部经理
3️⃣ 张玺彬，日语专业1002班，在广州创业，从事外贸行业
4️⃣ 曾河，德语专业1101班毕业生，创办星语众教育，任董事长

1 肖小梅，葡萄牙语专业 1102 班，中国德瑞集团驻安哥拉最高翻译。图为肖小梅与安哥拉现任总统（左二）合影
2 彭雯，葡萄牙语专业 2012 届毕业生，2010 年在留学机构加拿大组任文案签证顾问，后外派阿尔及利亚两年，任项目法语翻译。回国后在广东做外贸相关工作，现任外贸经理
3 唐喆，西班牙语专业 2013 届毕业生，创办义乌市唐戈鲁丝贸易公司，公司年贸易额突破 2 亿元
4 石芳梅，法语专业 1706 班，正太集团有限公司驻塞内加尔法语翻译

1 刘诗琪，法语专业 2018 级，供职于福建众晟机械有限公司。图为刘诗琪在非洲科特迪瓦
2 陈信，法语专业 1805 班，任湖南建工集团法语翻译
3 熊康俊，法语专业 1702 班，任中铝集团非洲几内亚分公司翻译。图为熊康俊 2021 年 10 月回国休假期间担任商务部援非活动官方翻译
4 罗小骄、张享，葡萄牙语专业，两人在农科院任职安哥拉杂交水稻项目担任葡萄牙语翻译。图为罗小骄、张享（三排左一、二）与袁隆平教授合影

国际交流

INTERNATIONAL EXCHANGES

1 2010年5月7日，宁平董事长与美国劳伦学院 Dr. Church 校长签订合作办学协议
2 2010年7月23日，宁平董事长与日本京都情报大学院大学负责人签订友好合作协议

1️⃣ 2010年12月20日，日本美罗斯言语学院代表来我校签订合作协议
2️⃣ 2011年1月14日，宁平董事长与德国欧福大学校方领导签订合作协议
3️⃣ 2011年6月5日，宁平董事长与美国劳伦大学校方协商合作事项
4️⃣ 2011年12月12日，马来西亚汽车科技学院TOC代表团来我校考察调研，宁平董事长与其洽谈合作办学事宜

1. 2012年3月2日，阿布扎比大学教务长詹姆斯·考金（James Mackin）先生与我校签订校际交流合作协议
2. 2012年5月17日，宁平董事长与西班牙纳瓦拉公立大学副校长Javier Casali签署互换留学生的合作协议
3. 2012年6月4日，智利贝纳多·奥希金斯大学与我校签署国际合作办学协议
4. 2012年5月31日，美国劳伦学院中国服务中心落户我校

1. 2013年5月14日，宁平董事长率学校领导访问俄罗斯奔萨国立大学并签订国际交流合作协议
2. 2014年12月，我校顺利成为世界职业教育院校联盟成员单位
3. 2015年1月9日，我校与韩国世翰大学达成合作办学意向并开展国际办学工作
4. 2016年，"英国米伦－湖外学习中心"正式落户我校

1. 2017年10月12日，宁平董事长接待马来西亚城市大学战略合作方金广国际教育集团一行人来访
2. 2018年3月29日，日本大阪滋庆教育集团常务理事桥本胜信先生赴我校开展交流合作
3. 2018年10月24日，我校与法国瓦岱勒（Vatel）国际酒店管理学院开展国际合作
4. 宁平董事长与美国布特大学校方代表签订合作协议

1 2020年4月28日，江波校长与法国瓦岱勒国际酒店管理学院通过线上平台洽谈合作事宜
2 2020年12月29日，宁翔副董事长与老挝驻长沙总领事馆本·印塔巴迪总领事进行交流
3 - **4** 2021年6月2日，法国驻武汉总领事馆贵永华总领事一行来访我校，并与宁平董事长共栽"中法友谊之树"

1 2021年11月18日，我校与美国春田学院中国（上海）办公室签订校企合作协议
2 2022年10月7日，我校成功加入世界大学联盟（AUF）
3 - **4** 2023年2月21日，葡萄牙驻广州总领馆安娜·科尔代罗总领事一行来访我校，并与宁平董事长共栽"中葡友谊之树"

1. 2023年3月27日，Canadian International Relationships Institute 陆荣董事长一行来我校访问并签订合作协议
2. 2023年5月9日，宁翔副董事长会见哥伦比亚驻华塞尔希奥·卡夫雷拉大使
3. 2023年7月，宁翔副董事长一行出访日本
4. 2023年7月12日至14日，安哥拉共和国驻广州总领事馆总领事朱蒂特·科斯塔、副领事利瓦伊·冈扎访问我校，并与校长江波共栽"中安友谊之树"

1 2023年7月12日至13日，莫桑比克共和国驻华大使馆政治和商务若昂·希林参赞达来访我校
2 2023年7月13日，我校承办职业院校非通用语种国际化建设探讨会，葡萄牙语职业教育产教联盟正式成立并落户我校

SOCIAL OUTREACH

1 2001年3月31日至6月底，为了帮助浏阳市内各中学提高英语教学水平，我校组织外籍教师欧文、罗伯特、杰佛雷，深入浏阳市20余个乡镇的33所初中，行程1000余千米，开展义务支教活动
2 2010年10月23日，我校120名志愿者积极为橘子洲国际摄影展提供服务
3 2022年6月28日，我校携手丁字湾社区共建社区学院
4 2014年3月18日，我校师生践行学雷锋活动，慰问长沙第一福利院

1 – **4** 我校"大手牵小手"爱心支教队前往湘西多地进行爱心支教

1. 我校全体辅导员大会暨三下乡启动仪式
2. 我校"大手牵小手"爱心支教队前往湘西多地进行爱心支教
3. 2017年5月23日，我校外语类专业学子助力2017 WFF世界足球论坛
4. 2022年8月25日，由中华人民共和国商务部主办的对外援助项目"阿拉伯语投资政策管理研修班"在湖南长沙圆满结束。我校2021级应用阿拉伯语专业学生吴子华、陈雪妮为突尼斯、伊拉克、利比亚3个国家、共计19名学员进行了线上实时翻译，出色地完成了此次援外研修的课堂翻译任务

1 – 4 我校以个人、集体形式积极参与社会服务活动，多次举办捐赠活动

1-**4** 我校师生为中国-非洲经贸博览会提供志愿服务工作

展望未来

FUTURE PERSPECTIVE

1 - **2** 加拿大航空航天科技大学总平面图、规划图。湖南外国语职业学院与加拿大航空学院已签订合作协议，拟在加拿大航空学院的基础上建立加拿大航空航天科技大学

图书在版编目（CIP）数据

湖南外国语职业学院三十周年画册：1993—2023 / 宁平，付兴华主编 . -- 上海：同济大学出版社，2023.10
　　ISBN 978-7-5765-0935-9

Ⅰ . ①湖… Ⅱ . ①宁… ②付… Ⅲ . ①湖南外国语职业学院 - 校史 - 1993-2023 - 画册 Ⅳ .
① G649.286.41-64

中国国家版本馆 CIP 数据核字 (2023) 第 185104 号

湖南外国语职业学院三十周年画册（1993—2023）

主编　宁平　付兴华　　**副主编**　宁翔　高嘉庆　张梦婷

责任编辑：金英伟｜**责任校对**：徐逢乔｜**封面设计**：潘向蓁

出版发行：同济大学出版社 www.tongjipress.com.cn
　　　　　（地址：上海市四平路 1239 号　邮编：200092　电话：021-65985622）
经　　销：全国各地新华书店
印　　刷：上海安枫印务有限公司
开　　本：787mm×1092mm　1/16
印　　张：5.25
字　　数：131 000
版　　次：2023 年 10 月第 1 版
印　　次：2023 年 10 月第 1 次印刷
书　　号：ISBN 978-7-5765-0935-9
定　　价：168.00 元

本品若有印装质量问题，请向本社发行部调换　版权所有　侵权必究